DE OLHO EM
D. PEDRO II
e seu reino tropical

LILIA MORITZ SCHWARCZ

Professora titular do Departamento de Antropologia
da Universidade de São Paulo

DE OLHO EM
O. PEDRO II
e seu reino tropical

Coordenação
Lilia Moritz Schwarcz e Lúcia Garcia

2ª reimpressão

claroenigma

Copyright © 2009 by Lilia Moritz Schwarcz

Grafia atualizada segundo o Acordo Ortográfico da Língua Portuguesa de 1990, que entrou em vigor no Brasil em 2009.

Capa e projeto gráfico
Rita da Costa Aguiar

Fotos de capa
Acervo da Fundação Biblioteca Nacional – Brasil (capa)
Coleção Emanoel Araújo (quarta capa)

Preparação
Márcia Copola

Revisão
Lucas Puntel Carrasco
Ana Maria Barbosa

Dados Internacionais de Catalogação na Publicação (CIP)
(Câmara Brasileira do Livro, SP, Brasil)

Schwarcz, Lilia Moritz
    D. Pedro II e seu reino tropical / Lilia Moritz Schwarcz.
— São Paulo: Claro Enigma, 2009.

    ISBN 978-85-61041-37-3

    1. Brasil — História — II Reinado — 1840-1889
    2. Pedro II, Imperador do Brasil, 1825-1891
    I. Título.

09-08959   CDD-923.181

Índice para catálogo sistemático:
1. Brasil : Imperador : Bibliografia 923.181

[2022]
Todos os direitos desta edição reservados à
EDITORA CLARO ENIGMA LTDA.
Rua Bandeira Paulista, 702, cj.71
04532-002 — São Paulo — SP
Telefone: (11) 3707-3531
www.companhiadasletras.com.br
www.blogdacompanhia.com.br

- 7 **INTRODUÇÃO**
- 13 **CAPÍTULO I**
  Entre aquarelas e gravuras: "Eis que havemos um rei"
- 17 **CAPÍTULO II**
  O órfão da nação: infância e juventude de Pedro
- 23 **CAPÍTULO III**
  "Havemos rei": a grande sagração
- 29 **CAPÍTULO IV**
  O grande imperador: 1841-1864
- 39 **CAPÍTULO V**
  Um monarca cidadão: 1870-1885
- 47 **CAPÍTULO VI**
  A monarquia cai ou não cai: 1886-1888
- 54 **CAPÍTULO VII**
  O exílio e a morte do monarca. Morto o rei/ viva o rei
- 58 *Quase conclusão!*
- 61 *Leia mais*
- 63 *Cronologia de apoio*
- 72 *Sugestão de atividades*
- 74 *Créditos das imagens*
- 75 *Sobre a autora*

D. Pedro II cercado de símbolos de cultura e erudição.
Litografia de S. A. Sisson, 1858

INTRODUÇÃO[*]

Em fins do século XIX, Hans Christian Andersen escreveu um belo conto para crianças, que ficou famoso também no mundo dos adultos. "A roupa nova do rei" relata a história de um rei vaidoso que se deixou iludir pelas promessas de dois alfaiates. Corria o boato de que só os espíritos mais inteligentes teriam o poder de reconhecer não apenas a beleza das roupas feitas pelos artesãos como sua própria existência. Os costureiros foram então contratados, e a farsa se desenrolou a partir de dois cenários concomitantes: de um lado, os trabalhos dos falsos alfaiates; de outro, o teatro do rei e de seus súditos, que nada viam mas que, não se dando por vencidos, não paravam de elogiar a qualidade dos tecidos e do corte das novas vestimentas. O final dessa história todos nós conhecemos: o desfile do soberano orgulhoso acabou em grande gargalhada quando um menino — pouco informado da situação e da etiqueta reinantes — gritou em alto e bom som: "O REI ESTÁ NU!". Assim termina o episódio e o próprio conto.

Dizem que quem conta um conto aumenta um ponto, e muitas são as interpretações possíveis dessa história. Além do

---

[*] Caro leitor, este livro faz parte de uma pesquisa mais ampla, que culminou na publicação do livro *As barbas do imperador — D. Pedro II, um monarca nos trópicos* (Companhia das Letras, 1999).

mais, a história permite uma série de outras associações: reflexões sobre o perigo da vaidade humana, análises acerca do comportamento social e do seu papel como constrangedor dos sentimentos pessoais, discussões a respeito da futilidade do cerimonial, e muito mais. No nosso caso, porém, esse conto é um bom pretexto para definirmos elementos importantes e particularmente característicos da realeza, entre eles seu caráter teatral, a dimensão simbólica de seu poder político e a relevância do ritual: este, sim, veste o rei. Ou seja, se qualquer sistema político carrega consigo uma dimensão ritual e simbólica, é talvez na monarquia que se concentram os mecanismos de efetivação desse gênero de poder.

Vamos voltar ao nosso conto ainda uma vez. Em que tipo de regime a força do teatro da corte possibilitaria que a farsa se prolongasse de tal forma e ganhasse tanta realidade? Por que o manto e as indumentárias do rei são tão importantes? É só na monarquia que a etiqueta adquire tamanha relevância que realidade e representação se confundem num jogo intrincado. Nesse sistema em que o ritual e as cerimônias não apenas estão nos costumes mas constam das próprias leis, e em que a etiqueta não é parte secundária mas fundamental ao sistema, importa *ver* o que o monarca *vê*. É o olhar do rei que faz o milagre, é o consenso em torno de seu poder que pode "vestir os nus". Tudo daria certo se o garoto compactuasse do cerimonial que lá se encenava; caso contrário, como frequentemente acontece, a situação pareceria estranha e até caricata. Como disse certa vez o historiador inglês Keith Thomas: "Aqueles que estudam o passado acabam se deparando com duas conclusões contraditórias. A primeira é que o passado era muito diferente do presente.

A segunda é que ele era muito parecido". Ou seja, a história nos afasta (quando parece distante), mas aproxima (quando nos permite pensar em nossa própria experiência). Nesse caso, ajuda a refletir sobre o valor dos rituais para o sucesso de um Estado e de um governo; qualquer governo. Não há poder efetivo sem uma morada, não há representante máximo — seja ele um rei, um presidente ou qualquer estadista — que não veicule e difunda a sua imagem.

Essa discussão poderia se estender muito, mas o que mais interessa é tomar por objeto um caso não só particular como próximo. Isto é, entender como, na popularidade e elevação da imagem pública de d. Pedro II, as construções simbólicas que rodearam sua figura foram fundamentais para o seu próprio fortalecimento político e o do Estado. Não por coincidência, d. Pedro II aparece recorrentemente mais velho nas imagens oficiais (representado com barbas, livros e com aspecto sério), e d. Pedro I surge como seu oposto (jovem, virtuoso e em seu cavalo). Tanto que muitas vezes se pensa que o II foi pai do I. Ora, poderia argumentar-se que d. Pedro I morreu jovem, mas dificilmente se convenceria alguém de que d. Pedro II nasceu velho. Estamos diante, portanto, de uma seleção histórica; de uma memória feita de lembranças, mas também de muito esquecimento.

A existência de uma ampla iconografia ao redor de d. Pedro II leva a refletir, ainda, não só acerca da importância da emissão e veiculação alargada da imagem desse rei (tal qual uma estratégia de Estado), como sobre o diálogo que essa produção travou com a realidade em que se inseriu. Não podemos esquecer, em primeiro lugar, que com a independência, no Brasil, em vez de se criar uma república e se eleger um presidente, instaurou-se uma monarquia em plena América, chefiada por um rei português. Nada mais estranho, nesse continente marcado pela Doutrina Monroe e pela ideia de que a América era para os americanos mas teria também uma vocação republicana. Enunciada pelo presidente norte-americano James Monroe, em 1823, a doutrina visava garantir, como dizia o seu texto, que "a América tem um hemisfério para si mesma". Ou seja, tratava-se de declarar a independência e autonomia do continente americano, sobretudo diante de novas investidas colonizadoras dos países europeus, e, nesse sentido, a característica e identidade comum desse continente parecia ser o regime republicano. Nada, portanto, mais estranho do que uma monarquia tropical, como o Brasil, cercada de repúblicas por todos os lados. Assim, se é evidente a relação da monarquia dos Bragança com as casas reais europeias (afinal, d. Pedro era um filho de Habsburgo com Bourbon e Bragança), é clara, igualmente, a tentativa de alicerçar essa experiência em meio a um território americano. Foi com desconfiança que os demais países latino-americanos viram o nascimento de uma nova nação independente mas liderada por um rei português, no caso d. Pedro I. Para tanto, foi necessário "caprichar" na propaganda da monarquia, e espalhar muito e por todos os cantos a imagem de d. Pedro II. Como se verá, "há um d. Pedro para cada gosto". D. Pedro como rei majestático, d. Pedro como líder e estadista, d. Pedro à paisana ou em trajes oficiais. Não por acaso, nosso segundo monarca foi um animador da fotografia e ele próprio um fotógrafo amador. Sua preocupação com a divulgação de sua imagem, ou de representações do seu Estado, era evidente, e ele nunca descurou do poder das imagens.

A ideia é, assim, recuperar a história de Pedro II (nosso primeiro e único monarca nascido no Brasil), utilizando fartamente as pinturas e imagens que envolveram sua figura e acabaram por construí-la e legá-la à memória. De órfão da nação, d. Pedro II se transforma em rei majestático (nos anos 1850); de imperador tropical se converte em rei cidadão (já nos anos 1870) e em mártir exilado, em 1889; e se torna mito após a morte. Dessa maneira, neste livro são também as imagens que dirigem a reflexão. Na verdade, já faz tempo que os pesquisadores deixaram de acreditar na exclusividade das fontes escritas: as atas, leis, cartas ou processos. Chamada pelo historiador francês Jacques le Goff de "imperialismo dos documentos escritos", essa tradição foi cedendo lugar a uma perspectiva que incorporou outros tipos de documentos, sobretudo iconográficos (como pinturas, fotos, moedas, mapas), mas reservando a estes um caráter decorativo ou por demais colado à estrutura explicativa anterior. Aqui, porém, vamos não apenas dar aos retratos, gravuras e pinturas um papel de reflexo explicativo (feito um espelho que só copia), mas mostrar como as imagens produzem realidades, representações e muita imaginação.

Por isso, no nosso caso em particular, é relevante refletir não tanto sobre a qualidade das telas e retratos, e mais a respeito das suas potencialidades enquanto criadoras de imaginários sociais; de representações oficiais. Além do mais, vale a pena destacar que o próprio d. Pedro II se preocupou em legar sua própria imagem. De um lado, e como veremos com mais vagar, cercou-se de pintores, literatos, escultores, poetas e mais tarde de fotógrafos; todos interessados em veicular sua imagem pública. De outro, após seu banimento em 1889, doou sua coleção de fotos — a Coleção Teresa Cristina — à Biblioteca Nacional, como se quisesse, premeditadamente, perpetuar sua memória; um tipo de memória.*

O fato é que neste livro "uma enormidade de Pedros II" nos observa, enquanto os observamos, sendo possível acompanhar, além do crescimento cronológico desse personagem, momentos diversos de sua construção como símbolo de Estado, e até a sua decadência, no final da vida e com o exílio. Se não teremos espaço para apreciar todas as telas, observaremos o suficiente para conhecer a história de vida desse imperador, hoje arraigada em nosso imaginário nacional. Por enquanto, nosso rei ainda não está nu.

---

* Essa documentação encontra-se espalhada por uma série de acervos dos quais destacamos, além da Biblioteca Nacional, o Instituto Histórico e Geográfico Brasileiro, o Museu Imperial de Petrópolis, o Gabinete Português de Leitura, o Arquivo Nacional e o Museu de Juiz de Fora.

CAPÍTULO I
Entre aquarelas e gravuras:
"Eis que havemos um rei"

A construção de uma identidade ao mesmo tempo europeia e tropical não foi tarefa original do Segundo Reinado. Logo após a independência política, em 1822, tratou-se de desenhar e moldar uma nova cultura imperial pautada em dois elementos constitutivos da nacionalidade: o Estado monárquico, que aparecia como centro da nova civilização, e a natureza territorial com suas gentes e frutas, como base material do Estado. Ou seja, era preciso convencer que esse era um Império não só particular mas também universal. Particular, pois encravado nos trópicos americanos, com suas gentes, frutos e animais estranhos e considerados exóticos. Universal, pois nossa realeza era oriunda das casas reais tradicionais da Europa.

Por isso, vamos recuar um pouco no tempo, para ver "como essa história começou". Antes de d. Pedro II, ainda na época de d. João (seu avô, que chegou ao Brasil em 1808), uma colônia de artistas franceses foi incorporada à corte, com o objetivo de bem "representar" essa realeza. Como os portugueses não tinham o hábito de retratar, foi preciso lançar mão de artistas franceses, acostumados a exaltar imperadores e reis. Não é o caso de voltarmos tanto na história; basta lembrar que foi o artista neoclássico francês Jean Baptiste Debret, que chegou ao país em 1816 com vários outros artistas, quem se responsabilizou pela elaboração de uma grande alegoria — nossa primeira pintura oficial como Estado independente —, especialmente idealizada como representação dessa nova realeza, logo em 1823. "Pano de boca" de uma apresentação teatral que celebrava a coroação de d. Pedro I como primeiro imperador do Brasil, a imagem mesclava uma série de elementos fundamentais à nova nacionalidade, os quais retornariam em tempos de d. Pedro II.

"*Pano de boca*" do Teatro da Corte, Debret, 1834

Tendo passado pela inspeção e aprovação do imperador e de José Bonifácio, a pintura sintetizava e celebrizava a originalidade da nova nação. No centro, o governo imperial surge representado por uma mulher, a qual, ornada por um fundo verde, traz num dos braços as armas do Império e no outro a Constituição. Adornam a imagem as frutas do país, o café e a cana-de-açúcar. Ao lado dos "produtos da terra", desfilam as suas "gentes" exóticas: uma família negra demonstra sua fidelidade, enquanto uma indígena branca se ajoelha ao pé do trono. Além do mais, conforme esmiúça Debret, "paulistas, mineiros e caboclos mostram com sua atitude respeitosa o primeiro grau de civilização que os aproxima do soberano". Por fim, vemos as vagas do mar, que se quebravam ao pé do trono e revelavam a posição geográfica e longínqua do Império. Estamos, portanto, diante de uma grande representação; de uma espécie de teatro de inauguração.

Em primeiro lugar, a pintura celebra a união da monarquia com os trópicos. Em segundo, ela é parte de um movimento mais geral, que, para garantir a especificidade e a autonomia do novo território, começou a concentrar esforços na criação de rituais, insígnias e emblemas. A bandeira nacional, por exemplo, também concebida nesse contexto, deixava evidentes os vínculos com a tradição imperial: o verde, cor heráldica da Casa Real Portuguesa de Bragança, à qual pertencia o imperador; o amarelo, cor da Casa Imperial Austríaca de Habsburgo, da primeira imperatriz. Diferentemente do que contam os nossos manuais cívicos, as cores da nossa bandeira nada tinham a ver, originalmente, com floresta, ouro ou céu do Brasil. Aqui temos, na verdade, um exemplo de redefinição cultural: elementos tradicionais do armorial e dos brasões europeus passam a representar uma nova realidade física, destituídos de seu significado anterior. Isto é, como hoje em dia não podemos dizer que as cores de nossa bandeira são uma homenagem às casas reais, mudamos não o seu desenho ou colorido: apenas o seu significado.

Mas o desenho de Debret funcionava também como uma visão condensada da "brasilidade" que se queria destacar: a natureza exótica dominada por uma monarquia de origem divina, por conta da herança europeia pesada que carregava. Por outro lado, apesar de ser uma monarquia constitucional, a exemplo de todas as que surgiam após a Revolução Francesa de 1789, não se abria mão do local idealizado conferido ao rei: disposto bem no centro da representação e recebendo o beneplácito de alegorias clássicas também devidamente idealizadas. Por fim, não se pode esquecer que a realeza nasceu elevando a importância da mestiçagem existente no país. Negros (sempre leais), indígenas, bandeirantes... todos juntos vêm legitimar a nova monarquia tropical.

A história não seria, porém, assim fácil e cheia de bons augúrios, convenientemente saudados no "pano de boca". D. Pedro I iria se indispor com as elites locais, outorgaria a nossa primeira Constituição, em 1824, e, na dúvida entre escolher um dos dois reinos — o do Brasil ou o de Portugal —, resolve ficar com os dois. Para tanto, deixa Pedro de Alcântara no Brasil e parte para Portugal com d. Maria da Glória. Engana-se, pois, quem acha que "quem foi para Portugal perdeu o lugar". Nesse caso, d. Pedro I garantiu os dois reinos.

CAPÍTULO II
O órfão da nação:
infância e juventude de Pedro

Mas é da história de Pedro II que vamos tratar, e não da de seu pai, que partiria em 1831 para Portugal e nunca mais voltaria ao Brasil. Na verdade, desde o nascimento do futuro monarca, sua imagem foi esculpida, cuidadosamente, de maneira oposta à de seu pai. Se d. Pedro I ficaria para a história como voluntarioso, Pedro II seria conhecido por seu caráter reflexivo. Se o pai nunca escondeu as amantes que teve, já o filho foi sempre cauteloso nesse sentido. E nossa história se inicia no dia 2 de dezembro de 1825, quando a corte do Rio de Janeiro acordou com o estrondo das salvas de fortalezas e navios. Era o príncipe herdeiro que nascia; o primeiro genuinamente brasileiro, a promessa e o resumo das esperanças nacionais. Pedro de Alcântara João Carlos Leopoldo Salvador Bibiano Francisco Xavier de Paula Leocádio Miguel Gabriel Rafael Gonzaga era um grande nome para um monarca tão pequeno. O tamanho do nome revelava, porém, a dimensão da mística e as aspirações que giravam em torno do "pequeno príncipe", o qual acumulava a herança de tantos reis e rainhas que o precederam. Além do mais, se o reino era recente, o novo soberano carregava em seu nome uma tradição antiga o suficiente para ele se legitimar no território tropical. No entanto, a despeito de todos os alardes da chegada, a representação do órfão de Estado é que começaria por se

O "pequeno príncipe", cercado dos símbolos de seu reinado

afirmar, antes mesmo de sua vinda ao mundo. O fato é que o monarca já nascia rei, pessoa pública e sem a privacidade dos homens comuns. Por isso, desde a tenra idade já aparece como monarca, cercado de estrelas ou nuvens, como bem se espera de um representante que se separa dos demais mortais.

Não obstante, os primeiros anos não seriam nada fáceis para o jovem monarca. Quando da coroação de seu pai e de seu primeiro aniversário — respectivamente 1º e 2 de dezembro —, sua mãe, a princesa Leopoldina, conhecida por seus dotes de naturalista e herdeira dos valores dos poderosos Habsburgo da Áustria, encontrava-se enferma, e viria a falecer dez dias após a data de seu próprio aniversário. Essa era, também, a época dos grandes e famosos amores de d. Pedro I, e dos boatos sobre os desgostos de Leopoldina, de certa forma assassinada pela tristeza. Não foram poucas as cartas que a princesa legou, sobretudo à irmã, nas quais descreve seu isolamento e a competição feminina desleal que sofria. Lenda ou não, o fato é que a mãe de d. Pedro II sucumbiria a um parto prematuro, e sempre amargando a falta do marido, o qual, a essas alturas, já não escondia

D. Pedro ainda menino, com seu tambor e insígnias por todos os lados. Armand Julien Pallière, c. 1830

de ninguém suas relações com Domitília, a marquesa de Santos, que frequentava o Paço com naturalidade.

Sozinho com suas duas irmãs — Januária e Francisca —, o "herdeiro da nação", como era então conhecido, não passava de um pequeno órfão, isolado e frágil, ainda pouco retratado nessas circunstâncias. Uma das raras pinturas desse período mostra o imperador sentado ao lado de um vistoso tambor, numa cena que o aproxima do universo infantil. No entanto, é sempre a imagem oficial que se impõe diante do cotidiano, na medida em que os emblemas da monarquia estão por todos os cantos e revelam a necessária dissimulação de um menino nascido rei.

Quase como uma sombra, ao lado do tambor vemos um trono, que parece emoldurar o futuro dinástico do retratado. Por outro lado, no tambor, na roupa e em toda parte se espalham as marcas da monarquia, apenas dissimuladas por um ambiente pretensamente informal. Mas um monarca é sempre um monarca, independentemente da sua idade. Ou melhor, é um símbolo do futuro, de um Estado em que virá a reinar.

A infância de d. Pedro II seria curta e repleta de episódios políticos da maior importância. Em Portugal, já em 1828, começavam os problemas de sucessão, enquanto no Brasil os abusos do voluntarismo da política de d. Pedro — com o Ato Adicional e a imposição de uma Constituição — acabariam por condicionar a sua abdicação, em 7 de abril de 1831. Como vimos, o imperador partia para Portugal com a firme intenção de recuperar o trono para sua filha, d. Maria da Glória; ao passo que o príncipe Pedro, com pouco mais de cinco anos de idade, ficava sob os cuidados de seu tutor, José Bonifácio de Andrada e Silva, que até não muito tempo antes era inimigo declarado de seu pai. D. Pedro se transformava, então, em órfão por duas vezes; afinal, junto com seu pai partia d. Amélia de Leuchtenberg, princesa da

Lições de caligrafia do futuro imperador

D. Pedro aos doze anos. Félix Émile Taunay, 1837

Baviera, nova esposa de Pedro I, cuja beleza, diziam os relatos, teria serenado os humores do monarca.

Nos poucos retratos da juventude, d. Pedro II mais parece o protagonista de uma história cujo final feliz já se conhece. Na iconografia, revelava-se a imagem do menino nascido rei; o jovem adulto ciente de suas responsabilidades, mesmo na tenra idade.

Em retratos oficiais, cercado de símbolos locais, condecorações e brasões, o futuro rei já apresenta um olhar que lhe marcaria a personalidade: um olhar de dissimulação. É o imperador que olha sem ser jamais olhado. Ele também evita o traço de expressão, ou qualquer manifestação de sentimento. Eis um aspecto que é usual aos retratos da realeza mas que combinava de forma singular com esse "órfão nacional". Até mesmo nas pretensamente inocentes lições, atividade tão comum às crianças, o pequeno soberano treinava a sua caligrafia sempre com motes civis. Fazer o bem, cumprir a Constituição, bem reinar... aí estavam temas que não pertenciam ao universo infantil mas que, no caso de Pedro II, passavam a se unir à sua própria personalidade. O teatro ia se colando à sua formação de maneira que ninguém mais sabia onde terminava o menino e quando começava o futuro monarca, prematuramente ciente ou acomodado em sua posição.

CAPÍTULO III
"Havemos rei": a grande sagração

Desde 1835 cogitava-se antecipar a ascensão ao trono de d. Pedro II prevista pela Constituição para 1843, quando ele faria dezoito anos. É com a criação, em 1840, do Clube da Maioridade que esse projeto toma forma, mesmo porque, ante as inúmeras rebeliões regenciais, parecia urgente a formação de um poder centralizado. Experiência republicana das mais originais, o período regencial acenava novas possibilidades de mando e poder, e coube à elite carioca preparar um golpe que antecipava a maioridade de d. Pedro, a fim de evitar o desmembramento da nação.

Difícil imaginar que o pequeno monarca, de apenas catorze anos, estivesse pronto para largar as lições e assumir o comando da nação; mas é isso que afirmam os documentos quando descrevem o famoso "Quero já", ou a iconografia da época ao mostrar o adolescente resoluto e elegante. Em lugar da maquinaria da elite que cercava o rei no Paço — e que com efeito foi a responsável pelo novo Estado —, a memória deixou guardada a imagem do jovem rei, prematuramente consciente de seus deveres. Aspecto impassível, cautela nas palavras, caráter pouco acessível: assim ia se forjando a imagem legendária desse rei, que só revelava humanidade nas pernas finas demais e na voz estridente. Diante de uma população composta, em sua larga maioria, de mestiços e negros, o futuro rei passava a ser traduzido como a encarnação de um

Retrato do jovem monarca

monarca divino, a imagem que exemplificava uma posição. Brasileiro, branco e louro como o Menino Jesus, um europeu em terras tropicais, d. Pedro II transformava-se em mito antes da história. Era, ainda mais visto só ao longe, e resguardado no Paço, uma espécie de Deus na Terra, uma representação maior do "Imperador do Divino", personagem principal de uma das mais conhecidas festas nacionais.

Era, pois, chegada a hora de o rei iniciar sua vida cívica envolto em suntuoso teatro: o teatro da sua pouca idade. As roupas de adulto, as lições avançadas, a fama prematura de filósofo e intelectual, tudo contribuía para fazer do monarca um personagem de si mesmo. Mas é no ritual da sagração e coroação de d. Pedro, em 1841, que se organiza de forma mais evidente o grande espetáculo.

O ato de coroação do imperador d. Pedro II. François René Moreaux, 1842

Em meio a esse evento, digno dos grandes reis, e detalhadamente copiado do ritual dos Habsburgo, o pobre garoto mal escondia o temor diante da roupa tão volumosa e desajeitada, da coroa pesada demais, do cetro poderoso, com sua serpe assustadora: o velho símbolo dos Bragança. Pronto para um grandioso teatro, em que desempenharia o papel principal, o pequeno monarca era antes uma representação de si próprio. E mais interessante ainda é perceber o diálogo que se travou entre o estilo europeu e os novos elementos nacionais. De um lado, o ritual seria digno dos monarcas austríacos, que eram sempre ungidos e sagrados, e assim diferenciados dos súditos de seu reino. Rompendo com a tradição dos Bragança, que ainda esperavam pela volta de d. Sebastião e sempre se apresentavam com a coroa

Retrato oficial de d. Pedro II por ocasião da coroação. Jornal *Les Contemporains*

D. Pedro na época da coroação. As feições de menino, a desproporção do manto e da altura do cetro seriam corrigidas nos retratos oficiais

pousada numa almofada ao lado, d. Pedro não só portaria ostentosamente a coroa na cabeça, como cumpriria o protocolo de sagração dos Habsburgo, os quais, nesse momento, ditavam moda quando se tratava de pensar na tradição real. No entanto, nessa verdadeira batalha de imagens, a Ordem do Cruzeiro do Sul representava o céu do Brasil, enquanto a murça de penas de papo de tucano e a ombreira ruiva de galos-da-serra faziam referência aos nossos indígenas. Um adorno de caciques, como se comentava na época. Eram, assim, cerimoniais misturados que surgiam para ornar a

Na pintura de Manuel de Araújo Porto Alegre, o rigor e o aparato da coroação de d. Pedro II

festa e dar-lhe conteúdo, mostrando como agora no Brasil se tinha um rei brasileiro.

E, nesse espetáculo em que nada podia falhar, não faltaram os cortejos, o cerimonial ou o costume português do "beija-mão": quando a população se ajoelhava para manifestar sua submissão ao novo monarca.

Repicaram os sinos, soaram as salvas, e a multidão saudou o imperador. Com seu manto de penas, e com o aspecto ingênuo de um Imperador do Divino, d. Pedro subiu os degraus e olhou a turba a seus pés. De fato, a riqueza do ritual encantou o público, que rapidamente se convenceu de um passado real, de uma tradição imperial que, apesar de recém-criada, parecia próspera e consolidada. Era como se o Golpe da Maioridade pusesse um fim às divisões, acabasse com os movimentos e literalmente coroasse o país.

Na litogravura da coroação, o monarca parece mais velho. Detalhe de estudo de Manuel de Araújo Porto Alegre, 1843

CAPÍTULO IV
O grande imperador: 1841-1864

O período que vai de 1841 a 1864 — ano em que se inicia a Guerra do Paraguai — representa uma fase importante para a consolidação da monarquia no Brasil. As rebeliões regenciais da Bahia, do Pará e do Maranhão haviam sido debeladas, e apenas a Guerra dos Farrapos, no sul do país, continuava a incomodar os ânimos dos políticos cariocas, ciosos em sua obra de centralização. É também nesse momento que se atinge uma maior estabilidade financeira, obtida mediante o fortalecimento do café nos mercados internacionais; com o fim do tráfico negreiro e a concomitante liberação de grandes capitais; e finalmente pela "era Mauá", com seus investimentos volumosos na área industrial.

D. Pedro, por outro lado, afastado dos negócios de Estado, completava sua formação, voltada sobretudo para as ciências e para as letras. O modelo era o dos monarcas humanistas, mais preocupados com a "civilização" do que com os negócios do Estado. Até porque, nesse período, o soberano permanecia em relativo isolamento. O fato é que nas imagens desse contexto d. Pedro surgia ainda mais idealizado; quase uma réplica dos modelos da realeza do Velho Mundo. Com a insistência em suas barbas ralas, quase inexistentes, por meio da caracterização de seu olhar altivo, as pinturas inventam no imaginário um monarca que mal aparecia no dia a dia.

Mas era preciso casar o rei para que ele fosse de fato reconhecido como adulto. À moda das cortes europeias, a noiva foi encontrada sem a participação de d. Pedro, que, diziam, corava ante a ideia do casamento. Em 23 de julho de 1843 chegava a escritura e um pequeno retrato de Teresa Maria Cristina, princesa das Duas Sicílias. Não fora fácil encontrar uma esposa para o pai, acusado de ter matado a primeira mulher, e para o filho a situação não se alterara. Por isso, a noiva vinha de uma casa real reconhecida mas de menor importância dentro da "constelação de princesas à disposição". Nos retratos que o jovem recebeu, ficavam expostas as qualidades físicas da futura imperatriz, porém minimizados os seus defeitos: a falta de cintura, o andar coxo, o rosto duro. Mais uma vez, a imagem se impunha à realidade, e nosso rei sonhava com uma idealização.

Após uma longa viagem, chegava Teresa Cristina, e a primeira impressão do imperador teria sido de desapontamento. Contam os documentos que Pedro II, romântico por natureza, teria chorado nos ombros da Dadama, a condessa de Belmonte, sua aia, ao conhecer a noiva. A aia, por sua vez, de maneira impiedosa, apenas o lembrou do seu dever. De toda forma, nessa história feita de imagens, vence sempre a representação oficial. Nela, os dois monarcas aparecem saudáveis e felizes; identificados com uma nação tão jovem quanto seus governantes.

E d. Pedro "cumpriria com seu dever": em 1845 nasce o primeiro filho do casal, d. Afonso, que não passaria do primeiro ano de idade. Em 1846 viria Isabel e, em 1847, Leopoldina. É também nesse contexto que o filho realiza um sonho acalentado pelo pai. Comprada em 1821 por d. Pedro I,

O casal imperial na época de seu casamento. Litografia de Gatti e Dura, 1843

a Fazenda Córrego Seco só seria transformada em palácio de verão a partir de 1843. Petrópolis teria suas obras concluídas em 1850, e ajudaria a adicionar mais uma faceta ao mito que se avolumava e ganhava espaço no imaginário nacional. A "cidade de Pedro", com sua catedral gótica no meio da mata e um palácio renascentista nos trópicos, acrescentava um elemento operante à já forte representação.

O Palácio Real de Petrópolis e vistas da cidade

Além do mais, paralelamente ao amadurecimento do imperador, crescia a sua popularidade, que fazia par com uma situação econômica e política apaziguada. No entanto, ambicionava-se um projeto maior: era preciso não só garantir a realeza como criar uma memória; reconhecer uma cultura. E, não por coincidência, datam desse momento o aumento do interesse do monarca pelo Instituto Histórico e Geográfico Brasileiro (IHGB) e sua entrada na vida cultural do país. D. Pedro completara 24 anos, e vinculava-se a uma geração de intelectuais e artistas — tão jovens quanto ele — interessados em refletir sobre uma nacionalidade "genuinamente" brasileira.

É nesse contexto que, sem abandonar a coroa, d. Pedro introduz o cocar e uma visão original do país. Promover a centralização nacional significava imaginar uma unificação cultural, e era assim que se lançavam as bases para uma atuação que conferiria a d. Pedro a fama e a imagem de mecenas das artes: do imperador sábio. Em torno dos membros da revista do Instituto anunciava-se o projeto nativista e romântico, cujo objetivo era fomentar o triunfo da literatura nacional, que, no caso brasileiro, deveria levar em conta a capacidade poética do índio. Conviviam, no mesmo Instituto, Gonçalves Magalhães (autor do grande épico do Império *Confederação dos Tamoyos*), Manuel Araújo Porto Alegre, Joaquim Manuel de Macedo, Gonçalves Dias e F. Adolfo Varnhagem, um dos fundadores da historiografia brasileira.

E, se foi na área da literatura que a atuação do grupo ganhou maior visibilidade, com seu projeto romântico (e mesmo no campo da música, sobretudo com a ópera *O guarani*, de Carlos Gomes, adaptação do romance de José de

Alencar), nas artes é que o motivo tropical foi rememorado. A valorização do pitoresco, da paisagem e das gentes, do típico em vez do genérico encontrava no indígena o símbolo privilegiado. Com efeito, por oposição ao africano, que representava a escravidão, o silvícola aparecia como nobre e autêntico, capaz de suportar a construção de um passado honroso e mítico.

Trajes de Peri e Ceci usados na primeira apresentação da ópera *O guarani*. Milão, 1870

Criada em 1826, a Academia Imperial de Belas-Artes aglutinou e formou toda uma vertente romântica de pintores que elegeu o exótico como símbolo local; dessa maneira, adaptou-se ao projeto monárquico, já claro no campo da literatura e da história. Além dos inúmeros retratos de d. Pedro, a Academia esmerou-se em exaltar a natureza e o indígena. Mas boa parte da produção era realizada no exterior, já que vários artistas ganhavam bolsas do imperador, o que resultou em telas ainda mais idealizadas. O documento mais emblemático dessa geração é talvez a

Índio simbolizando a nação brasileira. Francisco Manoel Chaves Pinheiro, 1872

D. Pedro na abertura da Assembleia Geral. Pedro Américo, 1872

escultura pouco conhecida de Francisco Manoel Chaves Pinheiro, que tinha o sugestivo título *Índio simbolizando a nação brasileira* (1872). Com uma postura corporal idêntica à imagem oficial com que o monarca era sempre retratado, o indígena de Chaves carregava o cetro da monarquia em vez de sua arma; um escudo com o brasão real em lugar de sua borduna.

A comparação é imediata. Tanto a tela oficial de Pedro Américo — que mostra d. Pedro em pose altiva — como a escultura não só foram feitas no mesmo período, na década de 1870, como visam estabelecer uma identidade entre o

Estátua de Pedro II feita para a abertura da Primeira Exposição Nacional, 1861

real governante e seus nativos. Aí estão, tal qual na literatura, os nobres da terra e os nobres da civilização: o indígena e o imperador. Na escultura que se segue, especialmente realizada para a abertura da Primeira Exposição Nacional brasileira de 1861, o jogo de corpo é idêntico, assim como a disposição dos vários elementos que decoram a estátua, nesse caso, de d. Pedro. A diferenciá-las, apenas a rala barba do monarca, cuja demora em aparecer fora tema de debates e agora se transformava em peça de destaque da iconografia política do Império.

Nessa mesma época, o monarca dará início à distribuição de títulos à sua nobreza improvisada utilizando topônimos tupis. Quixeramobim, Bujuru, Uruçui, Aramaré, Icó, Poconé... era assim que os nobres brasileiros passavam a ser denominados, dando-se uma qualidade indígena e tropical aos velhos títulos medievais. Por outro lado, nas imagens oficiais largamente veiculadas dentro e fora do país, junto das alegorias clássicas surgem indígenas quase brancos, idealizados em ambiente local.

Esse quadro idílico será, no entanto, quebrado por uma série de questões de ordem social. Os eventos atropelam a pacata política imperial: de 1865 a 1870 ocorre a desastrosa Guerra do Paraguai; em 1872 é fundado o Partido Republicano, em 1871 é aprovada a Lei do Ventre Livre, e é nessa época que termina a desastrosa Guerra do Paraguai. Nesse meio-tempo, acompanhado de seu ministério, d. Pedro, como diz o antrópologo Gilberto Freyre, pretere a coroa pela cartola. Estamos na década de 1872, e o rei passava a se vestir como um "monarca cidadão" e enfrentava, pela primeira vez, os dissabores da política. O rei começava a ficar nu!

Duas imagens semelhantes de d. Pedro, ainda no Paço, mas preparando-se para a guerra no Paraguai. Fotos de Manuel Chaves Pinheiro

Litografia de S. A. Sisson, 1873

CAPÍTULO V
Um monarca cidadão: 1870-1885

A Guerra do Paraguai significou um desgaste evidente na popularidade de d. Pedro II. Não só caía sobre o rei a responsabilidade pelo embate, como ganhava força a campanha em prol da abolição da escravidão e, sobretudo, surgia uma nova instituição, que escapava ao controle imediato do imperador: o Exército. É ainda nos anos de guerra que o rei se faria retratar trajando uma farda militar e tentando passar a seriedade e a serenidade que o momento exigia. Afinal, o Brasil havia gastado 600 mil contos de réis e deixara para trás 33 mil mortos.

Comentava-se que a guerra tinha causado tal impacto na personalidade de d. Pedro que sua famosa barba embranquecia, antecipando-se, assim, a conhecida imagem do ancião, por meio da qual esse rei é até os dias de hoje lembrado. Mas, finda a guerra, o retrato oficial do imperador seria mais uma vez alterado. Apresentando uma nova figuração, d. Pedro, de cartola e casaca, confundia-se com seus súditos quando estava no meio deles. Próximo da imagem de Luís Felipe (no poder de 1830 a 1848), d. Pedro apenas encenava um projeto liberal, que não assumia. Porém, fachada ou não, nosso monarca restringia o uso de seu traje real às ocasiões mais formais, como as *Falas do Trono*, e cercava-se de símbolos de erudição, entre eles muitos livros, globos, penas de escrever e poses de pensador.

D. Pedro II, c. 1860.
Foto de Victor Frond

Foto de Victor Frond, meados dos anos 1870

Associada a essa recente identificação, surge uma nova postura corporal de d. Pedro, que se deixa retratar com regularidade com a mão metida dentro da casaca, numa clara referência à célebre pose de Napoleão. Interessante como uma série de universos vão se agregando. O monarca tira a coroa e põe a cartola, e, mais ainda, se faz passar por um estadista qualquer.

D. Pedro II entre políticos da época

O fato é que, chamuscada pelos efeitos da guerra, a monarquia brasileira procurava não só uma representação diversa como espaços inusitados para a sua expressão: jogos de baralho, lencinhos, jarras e pratos, cigarreiras e leques.

Também fora do país, reabilitava-se a imagem de d. Pedro a partir de uma representação do rei civilizado, a léguas de distância do tirano da guerra. Um cidadão, mesmo entre soberanos, eis a nova idealização desse monarca.

Na ilustração de um periódico italiano, Pedro II é a única majestade não paramentada. 27/11/1871

Lenço, porcelanas e broches com imagens da família real

Por outro lado, com a utilização de novas técnicas, como o daguerreótipo, multiplicava-se a visibilidade da monarquia e as situações em que esta se fazia retratar. Especialmente nas viagens ao exterior que d. Pedro passará a realizar, a fotografia o acompanhará de perto, ajudando-o a ver um mundo que ele só conhecia por meio dos livros. A primeira viagem, cercada de controvérsias, iniciou-se em 1871, e o itinerário previsto era imenso, já que o monarca tencionava visitar a Europa e o Oriente. Dessa "aventura" restam sobretudo as imagens do imperador e de sua comitiva próximos das pirâmides do Egito. Numa delas, d. Pedro, com o mesmo olhar indireto, porta um característico chapéu de expedicionário, que sinaliza o local e a circunstância da foto.

Encantado com o Velho Mundo, o imperador voltava ao Brasil após dez meses de ausência, e sua chegada foi marcada por dúvidas e tensões. Índice dessa situação é o apa-

Pedro II no Egito.
Fotos de O. Schoeff, 1872

recimento de uma série de caricaturas que descreviam um "Pedro Banana", ridicularizavam as viagens do monarca ou criticavam seu pouco interesse pelos negócios de Estado. É muito significativa a importância das revistas e dos caricaturistas nesse contexto. Ao que tudo indica, existiam mais de sessenta títulos desse gênero; o mais conhecido é a *Revista*

O "monarca da mala".
Rafael Bordalo Pinheiro, 1880

Revista Ilustrada, 1871

A. Agostini, *Revista Ilustrada*

Ilustrada, de Angelo Agostini. Mas, se as caricaturas ironizavam, também aproximavam o imperador de seus súditos: ele surgia mais humanizado, com suas fraquezas e receios.

Mas o monarca revelava sinais de cansaço em sua missão de governante. Era a própria realidade que se misturava com a representação quando o amigo Gobineau publicava em 1875 o livro *Les Pleiades*, baseado na figura de d. Pedro. Nesse romance *à clef* — em que Jean Theodore é d. Pedro —, o tema central é a história de um rei angustiado por seus afazeres. A inspiração é evidente: sempre irritado com a política local, o imperador começava a fazer planos para uma nova viagem ao exterior. Partia em maio, rumo aos Estados Unidos, terra da "modernidade técnica", que tanto o entusiasmava.

A chegada a Nova York em 1876 foi cercada de atenção. Afinal, era a primeira vez que um monarca pisava em

Na revista americana, o casal real aparece ladeado por tipos urbanos, sobre uma vista do Rio de Janeiro. *Harpers Weekly*, 1876

território norte-americano. Sempre com sua jaqueta preta e retirando o *dom* da assinatura — "o monarca da casaca", conforme ironizava Eça de Queiroz —, d. Pedro era ainda assim lembrado pelas qualidades exóticas de seu reino.

Foram muitas as atividades nos Estados Unidos (destacando-se a visita à Exposição Universal da Filadélfia de 1876), mas a comitiva rumava à Europa, onde o monarca cumpriria seu famoso ritual: visita a escolas e instituições culturais; encontro com intelectuais e cientistas célebres, sobretudo Victor Hugo, um ícone da época. Essas eram as atividades diletas desse rei que publicamente se entediava com o cotidiano da política, preferindo dedicar-se aos grandes temas da cultura mundial. Mas, se d. Pedro se assenhorava de valores universais que tanto estimava, afastava-se de seu Império tropical, ao qual precisava, finalmente, voltar.

Charge de Ângelo Agostini. *Revista Ilustrada*, 1887

CAPÍTULO VI
A monarquia cai ou não cai: 1886-1888

A despeito do belo *Te Deum* e das missas que comemoraram o regresso do imperador, d. Pedro mais parecia, nesse contexto, um estrangeiro em terras próprias. Quase como um espectador, observava o crescimento do abolicionismo e do Partido Republicano, assistia de camarote à demissão do Gabinete conservador e à subida dos liberais (afastados do poder havia dez anos); não se incomodava com a grave seca que assolara o país. Abandonava, também, vários rituais, como o beija-mão e a antiga divisa, que era substituída por um P maiúsculo em cor azul. Os tempos eram outros, e o monarca dava sinais de fadiga. Datam dessa época as charges que mostram d. Pedro dormindo nas seções do IHGB e cochilando durante os exames no Colégio Pedro II, ou entre deputados.

Juntamente com as imagens mais impiedosas, demolia-se a representação pública do monarca, que era implicado numa série de escândalos — como o roubo das joias da rainha — ou acusado de negligência na condução dos interesses do país. D. Pedro tornava-se um rei estranho a seus súditos. É em meio a esse contexto avesso que o imperador parte para sua terceira viagem, cercado por um mar de controvérsias. Chamado publicamente de "César caricato" e ridicularizado por causa de seu aspecto senil e doente, com 62 anos o monarca mais parecia um velho consumido, marcado por profundas rugas e por suas imensas barbas brancas. O navio *Gironde*, que Quintino Bocaiuva alcunhara de "o esquife da monarquia", deixava um país cheio de tensões, sob as ordens da jovem e inexperiente Isabel.

O imperador na terceira viagem à Europa

Na chegada, porém, é outra Europa que d. Pedro encontra. Tudo havia mudado; sua "era romântica", representada por Victor Hugo, Gobineau e Wagner, parecia morta. Na estação de Baden-Baden, o imperador e sua comitiva descansam. Nas imagens, o retrato de um rei curvado e abatido.

Com seu médico, Mota Maia, em estação de cura na Europa, 1888

Primeira página da revista *La Avispa*, de Madri, uma homenagem à abolição da escravidão no Brasil. A princesa Isabel mostra as correntes quebradas

Sob os cuidados do famoso Charcot e de Mota Maia, seu médico particular, o imperador se recuperava e aprontava-se para retornar a uma terra que lhe parecia cada vez mais afastada. De fato, o ano que começava não seria dos melhores, ao menos aos olhos da monarquia. Ainda em 1888 é declarada a abolição da escravidão, um forte golpe no seio do Império, que a essas alturas se apoiava nos proprietários escravocratas cariocas. Essa é também a época dos conflitos com a Igreja, dos embates entre a Guarda Negra e os republicanos, e de um atentado contra d. Pedro, ocorrido em junho de 1889. É interessante entender a posição da Guarda Negra. Criada por José do Patrocínio, essa milícia arregimentava ex-escravos, capoeiras e negros livres mas desocupados para impedir a manifestação de adversários da monarquia. Isto é, em vez de se opor à realeza, os ex-escravos criavam o culto de Isabel (conhecido então como isabelismo) e se diziam fiéis à princesa e ao soberano, e não aos novos republicanos.

Com efeito, a partir do segundo semestre, a cada dia um novo acontecimento acirrava os ânimos, e, paradoxalmente, a monarquia sobrevivia apenas timidamente colada à representação pública de d. Pedro, que ainda era objeto de simpatia. Se naquele contexto o fim do Império era discutido quase abertamente, vários setores do Exército e o próprio Deodoro preferiam aguardar a morte do "velho monarca" e só depois proceder ao golpe da República. Era o símbolo que resistia diante da realidade decadente; a imagem que persistia diante do contexto adverso. Enquanto isso, exilado em Petrópolis, junto com a família e parte da corte, d. Pedro não perdia seu velho hábito de se fazer fotografar.

A família imperial posa no parque do Palácio de Petrópolis.
Foto de A. Henschel, 1889

Em meio à crise institucional, estabelecia-se uma batalha de imagens. Enquanto as fotos oficiais apresentam uma situação estável, uma família unida e alheia aos problemas de ordem política, as caricaturas desenham um monarca exaurido e preocupado.

Com o acirramento dos embates começava a ficar claro que não era mais possível aguardar a morte natural de d. Pedro, conforme preferiam alguns setores do Exército, como que separando a figura do imperador de sua própria instituição enfraquecida. Em 11 de novembro de 1889, ocorre o desastrado Baile da Ilha Fiscal; logo após, inicia-se a movimentação do Clube Militar e propaga-se o famoso boato

Caricatura de Angelo Agostini ironizando a fragilidade do imperador

da prisão do major Solon. Deixando de lado a agenda dos fatos, o que se sabe é que houve um grande hiato entre a demissão de Ouro Preto e a proclamação da República. O tom titubeante da proclamação era evidente, e os próprios revoltosos temiam pelo futuro do movimento. De toda forma, nas imagens anunciava-se uma nova sorte: a jovem República se despedia do velho monarca.

Alegoria da República. Na tela, vê-se ao fundo a partida da família real, com d. Pedro II acenando. Na verdade, porém, ele partiu de madrugada e na surdina, e não em meio à multidão. Anônimo, óleo sobre tela, 1889

CAPÍTULO VII
O exílio e a morte do monarca. Morto o rei/ viva o rei

Em Cannes, França, 1890

Façamos de uma longa história um breve fecho. D. Pedro parte de seu país em 17 de novembro de 1889 (a bordo do *Alagoas*) e vive na Europa às custas dos amigos. Com a morte de Teresa Cristina, logo em 28 de dezembro, o ex-imperador refugiava-se em seus livros, talvez o único símbolo que o acompanhava.

Na verdade, a era de d. Pedro parecia que se acabava. Em 1891 faleceu a condessa de Barral, sua companheira de tantas viagens, tutora de suas filhas e, diziam, sua amante. Também em 1891, uma tosse insistente começava a acompanhá-lo; era uma pneumonia que lhe tomava o pulmão esquerdo e lhe causaria a morte nesse mesmo ano.

Morto no exílio, o rei foi vestido como um monarca brasileiro, com a Ordem da Rosa sob a barba, a Ordem do Cruzeiro do Sul no peito, duas bandeiras do Brasil e um volume lacrado com terra do país. Novamente o teatro se confunde com a realidade, e o rei deposto é cada vez mais um grande imperador; o rei morto está mais vivo que nunca.

Retrato póstumo de Pedro II publicado nos jornais da época, 1891

A força do cortejo fúnebre de d. Pedro e a presença de boa parte da monarquia europeia revivem o rei, que é lembrado como um "herói civilizador, injustiçado por sua gente". É nesse momento que morre o homem e nasce o mito. Os líderes republicanos, temerosos do tamanho da repercussão, silenciavam sobre o pedido do imperador, que muitas vezes declarara o desejo de ser enterrado no Brasil. De fato, apesar de o IHGB não evitar esforços nesse sentido, a situação era protelada, como se o fantasma do rei ainda causasse apreensão. Ressignificado como herói popular, retraduzido como herói oficial, o monarca expulso é já em 1922, por ocasião do Centenário da Independência, incorporado a um grande panteão de heróis nacionais, dessa feita monárquicos e republicanos.

Mas foi só em 1939, com a presença de Getúlio Vargas, que se inaugurou em Petrópolis a capela mortuária onde até hoje jazem o imperador e Teresa Cristina. Morto pela história, eis que, pelas mãos de um presidente forte, d. Pedro volta como um rei popular, um herói nacional, que como tal não tem data, local ou condição.

Material distribuído por ocasião do centenário da Independência, no qual se veem heróis monárquicos e republicanos

Nos jornais, o traslado dos corpos de Pedro II e de Teresa Cristina para a igreja matriz de Petrópolis

Quando D. Pedro Segundo
Foi jogador do Brasil,
Apostador varonil
Da loteria do mundo,
Me disse Mané Raimundo
Seu cabo eleitoral
Qua brincou um carnaval
Com a Princesa Isabel
No tempo do coronel
Pedro Álvares Cabral.

Zé Limeira, cordel de J. Barros
sobre d. Pedro II, 1996

QUASE CONCLUSÃO!

Este texto não teve a pretensão de recuperar toda a história de d. Pedro, mas antes os rastros da construção de sua memória; uma memória firmemente apoiada na força das imagens e dos retratos. Trata-se de uma narrativa feita de algumas lembranças e muitos esquecimentos; enfim, de uma trajetória que se apropria da história e a transforma em mito, e cuja produção acelerada de imagens é parte fundamental do enredo.

Se a historiografia se concentrou em desmontar "a real face desse rei", que era sobretudo mestre na dissimulação, quando se trata de discutir as imagens mais vale pensar nas representações criadas por elas. O importante não é só coletar fatos, mas perceber como a memória histórica se constrói a partir de muitas versões — e inúmeras reelaborações. Por outro lado, fazendo um uso direto das imagens, pode-se entender como também elas têm o papel de adornar, multiplicar e até mesmo criar eventos.

É dessa maneira que podemos perceber a relevância da dimensão simbólica do poder político no sentido de garantir a sua própria vigência e a perpetuação de sua memória. Morto como rei deposto, d. Pedro volta com sua imagem mítica de rei vivo; um caso único de imperador tropical. Relido a partir das cosmologias indígenas e das inúmeras concepções de realeza que vieram ao Brasil juntamente com os escravos africanos, d. Pedro era, de fato, um rei com muitas coroas. Na verdade, estabelecia-se um diálogo entre "cabeças coroadas" que acrescentava a essa monarquia de tradição europeia um traço particular e miscigenado.

Vale a pena, portanto, pensar como as imagens refletem seu contexto, mas dialogam também entre si e conformam, no imaginário, outras histórias: histórias míticas; de uma memória feita mito. Como produto e produtor, a iconografia de uma época nos fala da história, mas ajuda a pensar em outros tempos, outras memórias.

E nosso rei estava nu? De fato, não. Afinal, ele voltaria ao Brasil coberto por uma nuvem de misticismo, e até hoje faz parte do panteão nacional. De tão refeita, sua memória ganhou lugar cativo em nossos compêndios, e com seu nome se batizou até escola de samba. No desfile, se um menino desavisado resolvesse perguntar se o rei estava nu, provavelmente teria sido recriminado e posto de castigo. Nesse caso, d. Pedro continua vestido; traz sua murça de penas de papo de tucano e seu cetro que lembra o reino de Portugal e tantos outros soberanos cuja memória o imaginário popular tratou de guardar.

LEIA MAIS

O monarca aprende a ler. Caricatura em *Revista Ilustrada*

BLOCH, Marc. *Os reis taumaturgos*. São Paulo: Companhia das Letras, 1993.
BURKE, Peter. *A fabricação do rei*. Rio de Janeiro: Jorge Zahar, 2000.
CALMON, Pedro. *O rei filósofo*. São Paulo: Companhia Editora Nacional, 1938.
_____. *História de d. Pedro II*. Rio de Janeiro: José Olympio, 1975. 5 vols.
CARVALHO, José Murilo de. *A construção da ordem — A elite política imperial*. Rio de Janeiro: Campus, 1980.
_____. *Teatro de sombras — A política imperial*. Rio de Janeiro: Vértice/Iuperj, 1988.
_____. *A formação das almas — O imaginário da República no Brasil*. São Paulo: Companhia das Letras, 1990.
_____. *D. Pedro II — Ser ou não ser*. São Paulo: Companhia das Letras, 2007. Coleção Perfis Brasileiros.
DEBRET, Jean Baptiste. *Viagem pitoresca e histórica ao Brasil*. São Paulo: Edusp, 1978.

ELIAS, Norbert. *A sociedade da corte*. Rio de Janeiro: Jorge Zahar, 2002.

FERREZ, Gilberto. *A fotografia no Brasil (1840-1900)*. Rio de Janeiro: Funarte, 1985.

FREYRE, Gilberto. "Dom Pedro II, imperador cinzento de uma terra de sol tropical". In *Perfil de Euclides e outros perfis*. Rio de Janeiro: Record, 1987.

GOBINEAU, Arthur de. *Les Pleiades*. Paris: s. e., 1875.

HOLANDA, Sérgio Buarque de. 2ª ed. *O Brasil Monárquico 5. O Império e a República*. Rio de Janeiro/São Paulo: Difel, 1977.

IGLÉSIAS, Francisco. *Trajetória política do Brasil*. São Paulo: Companhia das Letras, 1993.

LADURIE, Emmanuel Le Roy. *O Estado monárquico*. São Paulo: Companhia das Letras, 1994.

LYRA, Heitor. *História de dom Pedro II*. São Paulo: Companhia Editora Nacional, 1938-40. 3 vols.

MAURO, Frédéric. *O Brasil no tempo de dom Pedro II*. São Paulo: Companhia das Letras, 1991.

RAEDERS, Georges Pierre Henri. *D. Pedro II e conde Gobineau — Correspondências inéditas*. São Paulo: Companhia Editora Nacional, 1938.

_____. *D. Pedro II e os sábios franceses*. Rio de Janeiro: Atlântica, s. d.

SAHLINS, Marshall. *Ilhas de história*. Rio de Janeiro: Jorge Zahar, 1990.

SCHWARCZ, Lilia Moritz. *As barbas do imperador — D. Pedro II, um monarca nos trópicos*. São Paulo: Companhia das Letras, 1999.

TÁVORA, Araken. *Pedro II através da caricatura*. São Paulo: Bloch, 1975.

VASQUEZ, Pedro. *Dom Pedro II e a fotografia*. Rio de Janeiro: Internacional de Seguros, s. d.

CRONOLOGIA DE APOIO

Folhinha Nacional Brasileira, 1837. Nela, estão representados d. Pedro, suas irmãs e o reino tropical do Brasil

1825 *2 de dezembro.* Nasce Pedro de Alcântara João Carlos Leopoldo Salvador Bibiano Francisco Xavier de Paula Leocádio Miguel Gabriel Rafael Gonzaga, mais conhecido como Pedro de Alcântara.
10 de dezembro. Batizado de d. Pedro.
1826 *11 dezembro.* Morre a mãe de d. Pedro II, d. Leopoldina.
2 de agosto. Reconhecimento solene de Pedro de Alcântara.
1828 Falência do Banco do Brasil.
1829 *16 de outubro.* Chega ao Rio a segunda esposa de d. Pedro I, d. Amélia de Leuchtenberg.
1831 *7 de abril.* Abdicação de d. Pedro I.
8 de abril. Tutoria de José Bonifácio de Andrada e Silva.
9 de abril. Aclamação de d. Pedro II.
13 de abril. Partida de d. Pedro I para a Europa.
1833 *15 de dezembro.* José Bonifácio é substituído na tutoria de d. Pedro pelo marquês de Itanhaém.

1834   *24 de setembro.* Falece em Lisboa d. Pedro I.

1835   Eclosão da Cabanagem (Pará), Farroupilha (Rio Grande do Sul), Revolta dos Malês (Bahia).
12 de outubro. Diogo Feijó é eleito regente do Império.

1837   *Novembro.* Eclosão da Revolta da Sabinada na Bahia.
2 de dezembro. Fundação do Colégio Pedro II.

1838   Fundação do Instituto Histórico e Geográfico Brasileiro.
6 de abril. Falecimento de José Bonifácio.
Fim da Sabinada na Bahia.

1839   Primeiro anúncio do daguerreótipo na corte.

1840   Fim da Cabanagem.
23 de julho. Golpe da Maioridade. O "Quero já".
24 de julho. Gabinete da Maioridade. Aureliano Coutinho é nomeado ministro dos Negócios Estrangeiros.
12 de dezembro. Bento Lisboa parte para Viena a fim de negociar o casamento do imperador e de suas irmãs.
Introdução do daguerreótipo no Brasil.

1841   *18 de julho.* Ritual da sagração e coroação de d. Pedro II.
Debelada a Revolta da Balaiada.

1842   *20 de maio.* Bento Lisboa assina contrato de casamento entre d. Pedro e a princesa Teresa Cristina de Nápoles.

1843   *1º de maio.* Casamento no Rio de Janeiro de d. Francisca com o príncipe de Joinville (François d'Orléans).
30 de maio. Casamento em Nápoles (por procuração) do imperador com Teresa Cristina Maria de Bourbon (princesa das Duas Sicílias).
3 de setembro. Chegada da imperatriz ao Rio de Janeiro, na fragata *Constituição.*

1844   *28 de abril.* Casamento de d. Januária com o conde d'Áquila (Luigi di Borbone das Duas Sicílias), no Rio de Janeiro.
22 de outubro. Partida dos condes d'Áquila para a Europa.

1845   *23 de fevereiro.* Nascimento do príncipe imperial d. Afonso.

1º de março. Termina a Guerra dos Farrapos.

6 de agosto. Partida do imperador para as províncias do Sul.

8 de agosto. Promulgação do Bill Aberdeen, medida que restringia o tráfico negreiro.

1846 *26 de abril.* Volta do imperador à corte.

29 de julho. Nascimento da princesa Isabel.

1847 *11 de junho.* Falecimento do príncipe d. Afonso.

13 de julho. Nascimento da princesa Leopoldina.

20 de julho. Criação da presidência do Conselho de Ministros.

Chegada dos primeiros imigrantes na fazenda de café do senador Vergueiro.

Viagem do imperador às províncias fluminenses.

1848 *19 de julho.* Nascimento do príncipe d. Pedro Afonso.

Estoura a Revolução Praieira (Pernambuco).

Queda de Luís Felipe de Orléans na França.

1849 Fim da Revolução Praieira.

1850 *10 de janeiro.* Falece o príncipe d. Pedro Afonso.

4 de setembro. Fim do tráfico de escravos. Lei Eusébio de Queirós.

30 de setembro. Rompimento de relações com o governo de Rosas.

Epidemia de febre amarela.

1851 Líder uruguaio Oribe é derrotado por tropas brasileiras.

1852 *5 de fevereiro.* Derrota de Rosas em Monte Caseros.

Primeiro telégrafo brasileiro.

Iluminação a gás da cidade do Rio de Janeiro.

1854 *30 de abril.* Inauguração da estrada de ferro que liga a corte a Petrópolis.

Primeiro cabo submarino transatlântico.

1855 *17 de outubro.* Falece a condessa de Belmonte (aia e governanta de d. Pedro II).

| 1856 | Caxias assume a chefia do Gabinete da Conciliação. |

1856   Caxias assume a chefia do Gabinete da Conciliação.

31 de dezembro. Convite a Barral: dama da imperatriz e aia das princesas.

Revolta dos imigrantes parceiros de Vergueiro na fazenda de Ibicaba.

1858   Abertura da estrada de Ferro D. Pedro II.

1859   *2 de outubro.* D. Pedro visita províncias do Norte.

1860   *11 de fevereiro.* Volta do imperador à corte.

25 de fevereiro. O novo representante inglês, W. D. Christie, apresenta credenciais.

1862   *30 de dezembro.* Navios ingleses atacam barcos brasileiros. Questão Christie.

O Brasil participa da Exposição Universal de Londres.

1863   *11 de março.* Christie volta para a Inglaterra.

5 de julho. Ruptura com a Inglaterra.

Maximiliano, primo de d. Pedro, é imperador do México.

1864   *4 de agosto. Ultimatum* ao governo de Montevidéu.

2 de setembro. Chegam ao Rio o conde d'Eu (Gaston d'Orléans) e o duque de Saxe (Auguste von Saxe-Coburg-Gotha), pretendentes das princesas imperiais.

15 de outubro. Casamento do conde d'Eu com a princesa Isabel.

1º de dezembro. Início das operações contra o governo uruguaio.

Início da Guerra do Paraguai.

15 de dezembro. A princesa Leopoldina casa-se com o duque de Saxe.

27 de dezembro. Invasão de Mato Grosso pelo exército paraguaio de Solano López.

1865   Rendição de Montevidéu.

1º de maio. Tratado da Tríplice Aliança: Uruguai, Brasil e Argentina.

12 de maio. Quarto Gabinete Olinda (liberal).

11 de junho. Batalha de Riachuelo.

10 de julho. D. Pedro parte para o cenário da guerra.

11 de setembro. O imperador chega a Uruguaiana.

23 de setembro. Reatamento de relações com a Inglaterra.

9 de novembro. Volta do imperador ao Rio de Janeiro.

1866   *24 de maio.* Batalha de Tuiuti.

Novembro. Caxias chega ao Paraguai.

1867   *Junho.* Fuzilamento de Maximiliano no México.

Inauguração da Estrada de Ferro Santos-Jundiaí.

Surto de cólera.

Exposição Universal de Viena.

1868   *13 de janeiro.* Caxias assume o comando do Exército.

19 de fevereiro. Passagem de Humaitá.

11 de dezembro. Batalha de Avaí.

Morre o mordomo do Paço, Paulo Barbosa.

1869   *1º de janeiro.* Ocupação da cidade de Assunção.

19 de janeiro. Caxias retira-se da guerra.

16 de abril. O conde d'Eu assume o comando da guerra.

Gobineau chega ao Brasil como ministro da França junto à corte.

1870   *1º de março.* Morte de Solano López em Cerro Corá. Fim da Guerra do Paraguai.

Fundadas no Rio de Janeiro a Sociedade de Libertação e a Sociedade Emancipadora do Elemento Servil.

Carlos Gomes termina a ópera *O guarani*.

1871   *7 de fevereiro.* Morte em Viena da filha de d. Pedro, d. Leopoldina, duquesa de Saxe.

25 de maio. Partida do imperador para Europa e Oriente.

28 de setembro. Lei do Ventre Livre.

10 de novembro. Em Alexandria o imperador recebe a notícia da promulgação da Lei do Ventre Livre.

1872	*17 de janeiro.* Fundação do Partido Republicano.

1872   *17 de janeiro.* Fundação do Partido Republicano.

30 de março. O imperador chega ao Rio de Janeiro.

1873   *Julho.* 1 Congresso Republicano em Itu.

Falecimento em Lisboa da duquesa de Bragança, ex-imperatriz d. Amélia.

Bispos de Olinda e do Pará interditam as irmandades ligadas à maçonaria.

1874   *22 de junho.* Cabo submarino liga o Brasil à Europa.

Questão Religiosa. Prisão e condenação dos bispos de Olinda e do Pará.

1875   *15 de outubro.* Nasce o neto do imperador, d. Pedro, príncipe do Grão-Pará.

Falência do banco de Mauá e do Banco Nacional.

1876   *26 de março.* Segunda viagem ao exterior: Europa, Oriente e Estados Unidos da América.

Exposição Universal da Filadélfia.

1877   Seca no Nordeste.

26 de setembro. D. Pedro chega ao Brasil.

1880   Revolta do Vintém no Rio de Janeiro.

7 de março. Morre o duque de Caxias.

Inauguração da telefonia no Brasil.

9 de agosto. Nasce o príncipe d. Antonio (filho da princesa Isabel).

Fundação da Sociedade Brasileira contra a Escravidão.

1882   Caso do "Roubo das joias da Coroa".

1883   Início da Questão Militar.

Fundação da Confederação Abolicionista.

Castro Alves publica o livro *Os escravos*, e Joaquim Nabuco, *O abolicionismo*.

1884   *Março.* Extinta a escravidão no Ceará.

Julho. Fim da escravidão no Amazonas.

1885   *28 de setembro.* Lei dos Sexagenários.

Novo surto de cólera na corte.

1886   Fundação da Sociedade Promotora da Imigração.

1887   *30 de junho.* Terceira viagem do imperador ao estrangeiro: terceira regência da princesa Isabel.

Primeira linha férrea no Espírito Santo.

A Igreja manifesta-se oficialmente a favor da abolição da escravidão.

1888   *13 de maio.* Lei Áurea. Abolição da escravidão.

22 de agosto. Volta do imperador à corte.

1889   Exposição Universal de Paris.

15 de junho. Atentado contra d. Pedro ii no Rio de Janeiro.

11 de novembro. Baile da Ilha Fiscal.

15 de novembro. Proclamação da República.

17 de novembro. Banimento da família imperial.

7 de dezembro. Desembarque da família imperial em Portugal.

28 de dezembro. Morre Teresa Cristina.

1890   Decreto oficial do banimento.

20 de janeiro. Concurso para o Hino da República.

22 de junho. Projeto da Constituinte é apresentado ao ministério.

15 de setembro. Eleições para as Constituintes Federais.

15 de novembro. Instalada a Constituinte.

1891   *14 de janeiro.* Morre a condessa de Barral.

20 de janeiro. Crise no governo Deodoro. Demissão do Primeiro Gabinete republicano.

14 de fevereiro. Promulgada a Constituição dos Estados Unidos do Brasil.

25 de fevereiro. Deodoro é eleito presidente, e Floriano Peixoto é seu vice.

5 de dezembro. Morre d. Pedro de Alcântara em Paris.

1892   Morre Deodoro da Fonseca.

1893	Início da Revolta Federalista no Rio Grande do Sul.
	3 de setembro. Prudente de Morais é indicado candidato à sucessão presidencial.
	6 de setembro. Revolta da Armada no Rio de Janeiro.
	25 de setembro. É decretado estado de sítio em quatro estados da Federação e no Distrito Federal.
1894	O Brasil rompe relações com Portugal.
	1º de março. Prudente de Morais é eleito presidente.
1895	Prudente de Morais indulta soldados do Exército.
	29 de junho. Morre Floriano Peixoto.
1896	Primeira expedição contra o arraial de Canudos.
	O major Febrônio de Brito comanda a segunda expedição contra os conselheristas.
1897	Terceira expedição contra Canudos.
	Destruição do arraial de Canudos.
	Fundação da Academia Brasileira de Letras.
1898	Eleição de Campos Sales.
1900	Início da Política dos Governadores.
1902	*1º de março.* Eleição de Rodrigues Alves.
1904	*Novembro.* Revolta da Vacina.
1905	*15 de novembro.* Afonso Pena assume a Presidência da República.
1908	Morre Machado de Assis.
1909	*14 de junho.* Morre Afonso Pena, e assume Nilo Peçanha.
1910	Fim da monarquia em Portugal.
	15 de novembro. Hermes da Fonseca assume a Presidência.
	Novembro. Revolta da Chibata.
1914	Hermes da Fonseca solicita estado de sítio para o Rio de Janeiro.
	Venceslau Brás assume a Presidência.
1916	Venceslau Brás aprova proposta do IHGB e acorda que os corpos de d. Pedro de Alcântara e d. Teresa Cristina retornariam ao Brasil em 1922.

1917	O Brasil entra na Primeira Guerra Mundial.
	Greve geral operária em São Paulo.
1918	*17 de janeiro.* Morte de Rodrigues Alves (eleito presidente).
	25 de fevereiro. Epitácio Pessoa é empossado.
1920	*3 de setembro.* O decreto nº 4.120 admite a presença da família real no Brasil.
1922	Centenário da Independência.
	Chegada dos corpos do casal imperial.
	1º de março. É eleito Artur Bernardes.
	5 de julho. Sublevação do Forte de Copacabana e da Escola Militar.
1924	Começa o movimento revolucionário em São Paulo.
	Início da Coluna Prestes.
1925	*2 de dezembro.* Comemoração, no Brasil, do centenário de nascimento de d. Pedro II.
1926	Posse de Washington Luís na Presidência.
1930	Eleições presidenciais com a vitória de Júlio Prestes.
	26 de julho. Assassinato de João Pessoa no Recife.
	3 de novembro. Getúlio Vargas recebe o poder de junta governativa.
1939	*5 de dezembro.* Inauguração da capela mortuária em Petrópolis com a presença de Getulio Vargas.

SUGESTÃO DE ATIVIDADES

A estátua, feita especialmente para decorar a Quinta da Boa Vista, eterniza a imagem do monarca cidadão, o mecenas da cultura

1. Escolha um presidente brasileiro e faça um levantamento das imagens e fotografias que o cercam. Tente estabelecer um paralelo entre a eficácia política e o uso desse tipo de expediente.

2. Tente verificar como, mesmo atualmente, uma série de rituais (e quais) envolve a República brasileira.

3. Faça um levantamento dos últimos sambas-enredos que incluíram a monarquia em seus temas.

4. Vá aos grandes museus brasileiros e pesquise as telas que envolvem a nossa monarquia. Depois disso, tente analisar essas

telas, visando entender a imagem dominante que cerca d. Pedro.

5. Tente fazer um levantamento sobre os elementos tropicais que ainda definem o nosso país. Quais seriam e como vêm sendo acionados por políticos brasileiros?

6. Faça uma entrevista com seus avós e bisavós acerca da memória da monarquia no Brasil. Pergunte se eles guardam alguma lembrança herdada de parentes mais velhos da família.

7. Tome algumas caricaturas atuais, envolvendo estadistas e nosso presidente, e analise o seu impacto. Elas apenas criticam? Qual a sua relevância?

8. Analise algumas das primeiras páginas de jornais em que aparece a figura de nosso presidente; tente entender de que maneira elas estabelecem "um texto" entre si e qual a imagem dominante do estadista.

9. Faça uma pesquisa sobre os objetos de uso cotidiano em que a figura de d. Pedro aparece: moedas, cartões de telefone...

10. Realize uma pesquisa nas praças da sua cidade e anote se existem referências à monarquia.

11. Faça um levantamento de músicas populares que falem da monarquia.

12. Analise a letra de nosso Hino Nacional e veja que elementos da monarquia lá aparecem.

CRÉDITOS DAS IMAGENS

pp. 6, 18, 24, 26, 27, 28, 38, 40 (c), 41 (a e h), 42, 44, 48, 55: Acervo da Fundação Biblioteca Nacional — Brasil

p. 14: Coleção Guita e José Mindlin

pp. 19, 21, 25, 31, 32 (b-d), 35 (b), 36, 37, 40 (b), 41 (b-g), 49 (a), 54, 56 (a), 63: Museu Imperial de Petrópolis/ IPHAN/ Minc

pp. 20, 40 (a), 49 (b), 56 (b), 72: Museu Mariano Procópio

p. 32 (a): Instituto Histórico e Geográfico Brasileiro

p. 35 (a): Museu Nacional de Belas Artes/ IPHAN/ Minc

p. 43 (b): Arquivo do Instituto de Estudos Brasileiros — USP

pp. 43 (c), 46, 52, 61: Coleção Emanoel Araújo

p. 51: Coleção particular

p. 53: Fundação Maria Luísa e Oscar Americano

p. 57: Coleção particular

Todos os esforços foram feitos para determinar a origem das imagens deste livro. Nem sempre isso foi possível. Teremos prazer em creditar as fontes, caso se manifestem.

SOBRE A AUTORA

Lilia Moritz Schwarcz é professora titular no Departamento de Antropologia da Universidade de São Paulo. É autora de, entre outros livros, *Retrato em branco e negro — Jornais, escravos e cidadãos em São Paulo de finais do século XIX* (São Paulo: Companhia das Letras, 1987); *O espetáculo das raças — Cientistas, instituições e questão racial no Brasil do século XIX* (Companhia das Letras, 1993, e Nova York: Farrar Strauss & Giroux, 1999); *As barbas do imperador — D. Pedro II, um monarca nos trópicos* (Companhia das Letras, 1998, Prêmio Jabuti/ Livro do Ano, e Farrar Strauss & Giroux, 2004); *1890-1914 — No tempo das certezas* (coautoria Angela Marques da Costa, Companhia das Letras, 2000); *Símbolos e rituais da monarquia brasileira* (Rio de Janeiro: Jorge Zahar, 2000); *Racismo no Brasil* (São Paulo: Publifolha, 2001); *A longa viagem da biblioteca dos reis — Do terremoto de Lisboa à Independência do Brasil* (com Paulo Cesar de Azevedo e Angela Marques da Costa, Companhia das Letras, 2002); *Registros escravos — Documentos oitocentistas na Biblioteca Nacional* (coautoria Lúcia Garcia, Biblioteca Nacional, 2006); e *O sol do Brasil — Nicolas-Antoine Taunay e as desventuras dos artistas franceses na corte de d. João* (Companhia das Letras, 2008). Coordenou o quarto volume da Coleção História da Vida Privada no Brasil (Companhia das Letras, 1998).

Esta obra foi composta em
LeMondeLivre por Rita da Costa Aguiar
e impressa pela Gráfica Bartira em ofsete
sobre papel Pólen Bold da Suzano S.A.
para a Editora Claro Enigma
em abril de 2022

A marca FSC® é a garantia de que a madeira utilizada na fabricação do papel deste livro provém de florestas que foram gerenciadas de maneira ambientalmente correta, socialmente justa e economicamente viável, além de outras fontes de origem controlada.